ERWACHsEN

Momente, die meinen Weg beschreiben

Miriam Engel, 2014

ERWACHsEN

Die hier versammelten Gedichte sind über einen Zeitraum von etwa 15 Jahren entstanden. Ich gliedere sie in drei Kategorien:

GEMEINSAM
Sehnsüchte, Vorfreude und Momente des Genusses fasse ich hier in Worte.
Seiten 9 - 44

GETRENNT
Abschied nehmen und neue Wege gehen.
Aber auch Umgang finden mit unerfüllten Träumen und Erwartungen.
Seiten 45 - 64

NUR ICH
Hier konzentriere ich mich auf mich, erde mich und nehme die Welt um mich herum wahr.
Seiten 65 - 79

Vorwort

Erwachsen werden. Was heißt das?
Volljährig zu sein, einem ordentlichen
Beruf nachzugehen, zu heiraten und
eine Familie zu gründen?
Oder heißt es, in sich selbst so weit zu
wachsen, bis man weiß, wer man ist? Bis
man unterscheiden kann zwischen den
Wünschen anderer Menschen und den
eigenen?

Erwachen. Was heißt das?
Bedeutet es, seine Träume aufzugeben
und sich gesellschaftlichen und
sozialen Formen zu fügen?
Oder bedeutet es, aus eigenen
Erfahrungen zu lernen und dieses
Wissen in die Gestaltung der eigenen
Zukunft einfließen zu lassen?

Ich habe meinem Buch diese beiden
Titel gegeben. Erwachsen und
Erwachen. Emanzipiert von der
Kinderstube und dem naiven Glauben,
alles im Leben richte sich von alleine.
Und in dem festem Vertrauen darauf,
dass alles gut wird, wenn man selbst
seinen Teil dazu beiträgt.

GEMEINSAM

Sehnsüchte, Vorfreude und Momente
des Genusses fasse ich hier in Worte.

Gemeinsame Ziele

Zu tragen bin ich
dir nicht schwer
Wenn ich mich treiben
lasse paddelst
du unser Boot
Kraftvoll
rudern wir gemeinsam
siehst du schon
am Horizont
das Ufer los
lass uns
beeilen ich pack
mit aller Kraft mit an.

Ich Dein Bewunderer

Ich reiche nach deiner Hand
Will mit dir zusammen sein
Will mich bei dir kennenlernen
Auf der Suche nach mir
Finde ich dich
Will mich in dir finden
Erzähl mir von mir
Und deine Augen leuchten in meinen
Farben
Finde deinen Weg zurück
In eine neue Pubertät (mit mir)
Mein Herz klopft bei dir an
Lass mich deinen Rhythmus spüren
Nimm mich mit auf deinen Weg
Halt mich fest
Und lass mich erst wieder los
Wenn ich bereit bin
Einen anderen Weg zu gehen (ohne dich)

Meinen eigenen Weg in deiner Hand gehen
Ich möchte dein Leben leben
Nach meinen Regeln

Deins

Nenn mich deins
und ich springe unter der Hand
in deine
Gefühle sind's die mein
Herz
an deiner Seele fesseln
mit Seidentüchern
ohne feste Knoten
Nur du kannst mich lieben
ohne Zäune zu bauen.

Manchmal denke ich

Du bist mein Atem
Abgereist
Und mit dir all meine Lebenskraft
Mein Wille mein Ehrgeiz
Kaum noch
Stolz lässt du mir. Alles
Lächeln jegliche Konzentration
Hast du mir genommen
Zurück
Bleibt eine einsame Silhouette
Eine leere Hülle
Jeden Abend an der Wand
Schmerzverzerrte Schatten
Tränenübergossen
Bleibt als einziger Trost
Die Freude auf morgen und die
Weisheit
Jeder neue Tag
Einer weniger bis wir uns
Wiedersehen.

Mein Ich

Deck mich zu
mit deiner
warmen Haut
Schmelz das Eis das
zu Knochen wird
mit Haut und Haaren
Schenk mir
deinen Geruch
als Luft zum
Atmen
Halt
mit deinen Händen
meinen Kopf
fest
Kopf-los
dass er nicht
zerspringt
wie mein Herz
auf und ab
und fast
in tausend Stücke
wenn du nicht
da bist
drin bist
weil du auch
Ich bist.

Traum oder Realität

Vom Boden der Realität aus
zeigst du mir den Himmel
und ich beginne
nach den Sternen zu greifen
Du erklimmst mit mir
den höchsten Berg
bringst mich zum Gipfel
und ich falle
in tiefe Träume
Doch unten angekommen
weckst du mich immer wieder auf.

Der Schlüssel

Ich gab ihn dir nie
Zeigte nie dir den Weg
ließ dich irren
ließ dich laufen
ließ dich suchen

Ich zeigte dir nie
wo oben ist
und wie tief unten
Stillte nicht deinen Durst deinen
Hunger
ließ dich doch
nähren

Ich malte dir nie
den Rahmen auf die Form - unförmig
doch Ecken und Kanten
ließ ich dich
erkennen

Ich gab dir nie
Feuer oder Flamme oder Glut
doch bliest' du
ließ ich dich
wärmen

Ich gab ihn dir nie
Zeigte nie dir den Weg
ließ dich irren
ließ dich suchen
ließ dich finden.

Stärke

Du denkst, ich bin zerbrechlich.
Du willst mich beschützen
mir Halt geben
empfindest Sanftheit, Güte
Mitleid
Du willst meine Tränen aufsaugen
bevor ich traurig bin
Wenn ich in die Ferne schaue
versuchst du, meinen Blick zu fangen
Als wolltest du einen Kokon
um mich bauen
damit
ich nicht zerbreche
legst du schützend deine Hände
um mich wenn du
Angst hast
zusammenzubrechen
dann komm zu mir.

Atmen

Du verschlägst mir den Atem
nicht
wenn du mit deinen Augen mich
ansiehst
anfasst
ausziehst

Der Atem stockt mir
Nicht
weil du
bei mir bist
mich umhüllst
mich einnimmst
ganz für dich

Nach Luft schnappen muss ich
nicht
wenn ich dich
rieche
lecke
schmecke

Der Atem kommt zu mir
zurück
mit dir
Ich atme ein
und aus
und du.

Zurück

Jetzt hab ich Bedenkzeit
Weit weg von dir
Wie abgesprochen – kontaktlos
Die Erde ist so groß
Viel zu weit zu dir
Zurück
Der Weg die letzte Nacht
Die ich dich muss vermissen
Gedanken zerrissen
Ist bald durchgemacht
Es folgt eine lange Reise
Zurück
Meine Sehnsucht schreit nach dir
Leise
Viel zu weit von dir
Zurück!

Experentia abstraktum

Zauber der Abendglut
Versiegle meine Sehnsucht
meine Erwartung
an diese Nacht.
Die Dämonen der Vernunft, die
meine Sensibilität beträufeln
Erfassen niemals mich meine
Empfindungen
sind sorgsam eingebettet in dem
Besonderen
warmen Kuss –
Auf die Sinne. Verwirrt
und verirrt im Labyrinth der
Zärtlichkeiten
Berührst du meinen Körper
und mehr und mehr mich.

Mehr und mehr eingeflochten in das
System glücklicher Zufälle, geplanter
Umstände und tragischer
Verwicklungen verfalle ich dem
Wahnsinn, dich einen Teil meines
Lebens zu nennen.

Dein Gedicht

Erst steckst du mir die Zunge in den Mund
so dass ich
mit deinen Worten spreche
wenn meine Lippen sich bewegen.

Dann halten deine Hände mich fest
an dem Ort
der mir fremd ist und neu

und bald schon so vertraut
weil du ja bei mir bist
die ganze Zeit.

Deine Augen weisen mir den Weg
in eine unbekannte Welt
(wo Mars Venus auf Händen trägt?).
Und ich wage meine ersten Schritte.

Du gehst voran in eine Richtung
deren Straße so lang
wie die halbe Erdkugel rund ist –
das Ende unbekannt,
es blendet die Sonne.

Meine Füße folgen den Spuren des Schicksals,
mit festem Willen trete ich auf
und ab
über Berge und Täler in unsere Welt.

Nachsaison

Ewigkeit lag in den Augenblicken
und doch gingen sie zu schnell vorbei,
als wir die Sonnenuntergänge
bewunderten
am Ende der Welt,
wo wir keine Adresse hatten,
nur uns und ein kleines Appartement
Mit Balkon und Blick aufs Meer.

Die Saison war längst abgelaufen.
Wir zählten zu den letzten Besuchern
und hatten die Liebe zu Gast
wie eine unsichtbare dritte Person,
die mit uns lachte und aß und schlief,
die unsere Schritte lenkte
und unsere Hände mit Leben füllte,
wenn wir uns berührten.
Die aus unsren Augen strahlte,
wenn wir uns anschauten
und uns wortlos
unsere Geheimnisse anvertrauten.

Hinterher

Hinterher
lagen wir noch lange
aneinandergeschmiegt,
und ich hätte
keinen Unterschied gespürt
zwischen deiner Wärme
und meiner,
keinen Abstand
zwischen unseren Körpern,
keine Grenze
hätte ich gefunden
zwischen dir und mir,
sofern es einen Sinn
ergeben hätte,
danach zu suchen.

Glück

Glück
pocht dein Herz
dicht an meiner Seite
ich lächelnd
So ein tolles
Leben Mann
liebt dich und du
ihn liebe ich
über alles denk ich
nach nur
nicht über
Morgen heute ist
Glück.

Leichtigkeit

Wenn das Lid tief geht
und der Blick sich schmälert
für das Wesentliche
Von Dunkelheit umnachtet
die Leichtigkeit empfinden
und schweben
in einem Atemzug
und sanft sicher
niederlegen
in die Federn der Liebe
die mich auf Flügeln trägt.

Vergleichsweise

Der Eine
Geschwungene Lippen
weit offen für
ein paar Sätze
ohne Punkt und Komma
und Aussage
Warme Lippen
verteufeln jedes kalte Herz

Der Andere
Die Augen weit
aufgerissen und offen für
viele Eindrücke
zum Sammeln
als Bilderband
mit Signatur und Widmung
im Angebot

Jener
Überrascht
gern macht Geschenke
schenkt Freude Leid Hoffnung
Manchmal
den Duft der weiten Welt
nicht greifbar
Geschenkt

Derjenige
Lauscht aus weiter Ferne
Schaut sich alles stille an
Kommt er bald und zieht mich gerne
In den Himmel zu sich heran.

Kein Traummann

Nicht ein Traum
viele Träume haben
Raum
für meine Wünsche
So brauche ich nicht
ein' Mann
kann das nicht erfüllen
sich viele
Träume – Mann.

Meinetwegen

Meintest du
Meinetwegen
noch allein zu sein
wieder daran zu denken was
wa(h)r noch ist
Meinetwegen
den Weg bis zum Stein
bis zum Du-Sein
gegangen
Meinetwegen
nun Mann genug bist
Schein von Sein zu
trennen
Meinetwegen
deine Sehnsucht
in Worte
fasst
Meinetwegen
mit deiner Stimme
mein Herz an.
Meinetwegen.

Was dann?

Noch nicht
Zum Hörer
das Wort er-
greifen
Noch nicht
anhalten
parken aussteigen
Noch nicht
den Gürtel Knopf Zopf
Spannung
lösen
Noch nicht
nach dir mir allem
allumfassend los
lassen
Was dann?

Alte Liebe

Eine Liebe lieben
lieben wie sie Liebe war
Vor vielen Jahren

Eine Liebe lieben
die so endlos
und so warm
fühl ich mich immer noch
ums Herz

und der Schmerz
in den Augen brennt
das alte Feuer
denn alt getreuer
Freund
hat sich nicht viel
verändert
hat sich alles drum herum

Eine Liebe lieben
Sieht sich ähnlich noch
die Hand
kaum Adern mehr
der Griff wird fester nur
wie der Schwur
nicht wieder loszulassen

denn losgelassen
früher
die Hand nicht fassen konnte mehr
weil der Zug schon fuhr

die Hand übers Gesicht
weggewischt
die Tränen
fließen heute noch

Eine Liebe lieben
die
so gewohnt die Hand
so fremd der Gang
der Duft ist gleich geblieben

Eine alte Liebe lieben
wie sie
neu geschaffen ist

Sinnsuche

Themen und Gedanken
teilen wir
nicht Meinungen
so sind
Gespräche
endlos und fruchtbar
auch das Verständnis
für Kummer und Leid
Tiefgang
teilen wir
nicht Verstand.

Zwischen
Satzzeichen
Zeilen
verstehen wir
Sinn
und uns.

Wenn du es willst

Wenn du es willst
bin ich
offen, tolerant, diplomatisch
bin ich
Geschäftspartner
Freund und
Verführer

Wenn du es willst
akzeptiere ich
grün und gelb und Unordnung
akzeptiere ich
Patchwork und Totenköpfe und Strass

Dann lasse ich zu
dass Jeans mit Leder und Schweizer
Zwirn
zusammen
passen.
Wenn ich es will.

Muse

Ich sing ein Lied für mich
Manche hören zu
und ab und zu
stimmt jemand ein
Lachgesang und Klang
viele schöne Töne
Der Tonfall
nicht zu laut
für mich für dich
Klingt's wie Musik
in höchsten Tönen
So gib den Bass mir auch.

Single-Haus

Zu den freundlichen Wänden
so schwarze Sofas
so wenig Bilder kein Foto kein
Liegengelassenes Jegliches
in strengster Ordnung
ist das halbe Leben
So wenig Farbe
bekennen
Und ein buntes Foto von mir
an der Pinnwand und sogar
echte Rosen
auf dem Tisch duften
Die Sonne scheint durchs Fenster
Fährt ein Auto vor
steigt wer aus
kommst du.

Verweilen

Auf diesen Lippen
möchte ich verweilen
In dieser Hand
Schutz suchen und Halt
ohne festzuhalten
An dieser Brust
den Herzschlag und den Rhythmus
der gemeinsamen Zukunft hören
Die Melodie des Atems
Hol doch noch mal Luft
Schließ noch mal die Augen
Ich freu mich schon auf Morgen.

Du überlegst

Zart schmelzend
dein Blick auf meiner Zunge
sagt mir Halt an!
Lauf! nur noch mit mir
schmeckt's bunt in allen Farben
Weißt du's
wie schön
anzusehen zu fühlen
Tuchfühlung
Spitze Seide fein
fühlig mit dir mit mir
umzugehen
um zu gehen
schon die Antwort
in deinen Augen gesehen
gesagt getan.

Denkerstirn

Ruhig runzelig
liegt deine Stirn
ganz oben thront sie
dein Tun bestimmt
dein Denken
Denkst du
kraus
ziehst sie
ganz nach oben
drein siehst du
schön aus.

Heiratsantrag

Mein Herz steht
still mein Mund
auf Mund
küsst den Himmel
umarmt die ganze Welt
schaut auf uns
hält an
für einen Moment
nur wir nur ich nur
du hast gefragt.

Familienbilder

Das Honigglas
nicht weit von Marmelade, Butter
und zum Croissant einen
Cafè con leche
Ach Liebster, siehst du draußen
die Blüten sprießen
an den Bäumen
kann der Junge bald wieder
spielen im Park
entlang der Promenade
ich reich dir meine Hand
Kommst du mit?

Der Morgen

Das erste Glitzern
von Sonnenstrahlen
durch das Fenster im Schlafzimmer
gemeinsam genießen
Im Bad Herren- und Damenparfum
nebeneinander
gegenüber die Stühle
am Küchentisch
duftet schon der Kaffee
Bring doch bitte Brötchen mit
Morgen bin ich dran.

Nie ans Ziel

Gelauscht und gestaunt
Geflüstert und geraunt
Räumte ein meine Träume
mit Mut Räume
schaffen für unser Glück
-skinder sind wir: haben
uns gefunden, gelacht
und alles fest gemacht

Heute feiern wir uns
unseren Traum
Von heute an mit neuem
Blick auf die Welt
Zusammen ge-fällt
uns alles leichter
macht Hartes weicher
gehen wir Wege weiter
Mein Liebster,
hoffentlich kommen wir
nie ans Ziel.

Lippenbekenntnis

Klargestellt was zu stellen war
dann zu legen später
zusammen bauen
auf uns und auf die Zukunft
formen wir nach unserem
Bild ge-
fällt was vorher war –tet heute
Neues entsteht
aus deinen Händen
meinen Worten unserem
Lippenbekenntnis.

GETRENNT

Abschied nehmen und neue Wege gehen.

Aber auch Umgang finden mit unerfüllten Träumen und Erwartungen.

Vertrauen

Vertrau mir
hast du gesagt und gemeint
habe ich du wärst schon
viele Schritte weiter
wie ich
gegangen bis zum Horizont
und zurück
bleiben leere Worte und
ich ohne Vertrauen in die Zukunft
die du gemalt hast
in meinen Farben
leuchtet die Welt
jeden Tag neu.

Halt

Halt
Gibst du mir keinen
Das letzte Wort
ist gesagt
Was du jetzt weißt
und ich schon lange
hat's gedauert
bis du begreifst
was dein ist
und nicht mehr sein kann
soll muss ist.

Weichspüler

Weich süße Worte
durchs Kopfkissen
geflüstert
das nächste Mal
Anderen Weichspüler
und Bügelsteif
für glatte Wäsche und
einen geraden Blick.

Liebhaberin sein

Du trittst unerwartet in mein Leben
und erbettelst schon
schweigend meine Nähe.
Deine Hände zeichnen eigens
das Paradies mir vor Augen.
Warm prickelnd schlucke ich,
Was honigsüß du mir einflößt.
Dein verschwommener Blick
Formt mich (Abbild deiner Vorstellung).
Du tauchst mich in deinen
Traum. Als Ertrinkende
Klammere ich mich an dich,
ein halber Traum gehört mir.
Du schließt mir die Augen, legst
deinen Duft auf meine weiße Haut
und ich lege meine Unschuld
ab vor dir.
Liebhaberin sein. Dein Körper. Du.
Mein Herz liebend pochend gemacht
senke ich dich in die Nacht,
umhülle deinen Körper,
vergrabe dich unter mir.
Berühre deine Hüfte, die
zur Zärtlichkeit wird wie
mein geöffneter Leib.

Bald bedecken Schreie die einst
stille Offenbarung,
Schreie, die du nicht hören willst.
Du löst dich aus meiner Umarmung
und raubst mir meinen halben Traum.
Lässt mich zurück in
dichten Nebelschwaden.
Ich: Heldin meiner Liebestragödie.
Fern schon ist der Glanz der letzten
Nacht.
Ich wasche mir deine Berührungen
ab, winke noch einmal
verlorenen Träumen nach.
Im Unsichtbaren lässt es sich
vielleicht leichter vergessen.
Hülle mich in stolze Einsamkeit.
Ziehe durch breite Straßen,
allein gelassen mit meinem
letzten treuen Begleiter,
meiner Hoffnung.

Geschlagen

Geschlagen
gebe ich mich dir hin
und her unser Schlagabtausch
Tausch doch mal
die Rolle
das Theater
Jeder hat's geseh'n
keiner schaut hin
und wieder
diese Episoden
Jahreszeiten Zeiten
ändern sich
ändern dich gibst du dich
Geschlagen
geb ich mich noch lange nicht.

Kraft

Kraft-
Protz
mit dicken Armen
Protzig motzig
kommst daher
ohne Hirn und Geist
Schmeißt
Leere Worte und mehr
gegen mich
hast du keine.
Kraft
strotz' ich.

Vertrauter Freund

Das Lächeln huscht wieder
über dein über mein Gesicht
in Anbetracht der Dinge
die zu erwarten waren
Lächeln über Dinge
die zu erwarten sind
so klar doch und so nah
zum Greifen
Streifen
Fürchten
Früchte
wachsen daraus hervor
Davor war Vieles
Alles kommt zurück.

Was übrig bleibt

Mit ruhigem Blick
hinterhersehen.
Keine Sehnsucht mehr,
Keine Tragik, keine Tränen.
Hinterher sehen.

Abschied

Deine Augen sind noch geschlossen
wie ich mich von dir
drehe
Ein letzter Blick – meine Gedanken
sind schon fortgegangen

Meine Füße kleben am Boden
fest die Sinne
haften an dir
Dein Körper dein Geruch dein Atem

Deine Hände umfassen mich noch
so zart
wie sieben Nächte auch
ich höre – wie schön du bist –
Deine Träume

Ein letzter Kuss (deine Wange)
Welten brechen zusammen
Engel salutieren
Tage vergehen doch
Der nächste Atemzug schon vorbei

Wie war
die Erde gleich ein Himmelreich
Sterne funkelten
durch Bäume auf die kleine Insel
die du im Mondschein erschufst

Der Lärm der Menschenmenge
die Lautsprecheransagen
das Gerempel am Bahnsteig
holt mich ein

Die Tage mit dir
eine Seifenblase im Wind
hunderte Kilometer entfernt
Die nächsten Nächte noch
ganz nah
Langsam nur
versichert's im Sand

Verlangen

Gib mir mehr als ich
verlange mehr von mir
ist das Gefühl
befindet sich in deinem Bauch
kribbelt's
Ein Versuch ist es
einfach etwas wert zu sein
wenn man sich zu einem Traum
macht dich das auch so verrückt
ist nur wer dran glaubt
dass es eine Kleinigkeit
ist es nicht.

Leise pochend

Bestimmt ganz warm
und glatt
zart duftend
streichelweich
ästhetisch
prall
wohlig
leise pochend…

Mein Bauch ist flach.

Als Erstes

Als Erstes die Wiege
aus Korbgeflecht
mit Himmelszelt
in zarten Pastelltönen

Ein warmes Deckchen
ein Nachtgesang
ein Mobilé
viele kleine Leuchtesterne an der Decke

Miniaturmöbel
ein Laufstall
eine Krabbeldecke
Und ach ja mein alter Teddy mit nur einem
Auge

Es fehlt an nichts.
Ich bin bereit.

Ein Kind

Ich halte
Mein Kind
in beiden Händen
trage es hoch
in das hübsche Zimmer
unterm Dach nahe
meinem Bett

Der warme Kopf in meiner
Linken
Ein entzücktes Lächeln
huscht über das kleine Gesicht
die blauen Äuglein glitzern

Wenn Sternenkugeln kullern
stille ich sie mit meinem
Herzschlag
in einen friedlichen Schlaf

Die zarten Fingerchen umklammern
fest den Stoff meiner Bluse
Mein Herz schlägt
Mama

Der Blick weicht
von der ruhenden Wange des Babys.

Meine Hände sind leer.

Spielzeug

Autsch roll ich auf
Träcker Gabelstapler Mähdrescher
Feuerwehrauto aus plumpse
in alle Richtungen
schau ich räum ich
zur Seite
wohin noch mit all dem
Zeug
zum Spielen
für die Kinder ohne sie
wär ich ganz allein.

Eiswalzer

Wasser erstarrt zu Eis
Blicke erstarren
Eisig
können auch Worte
auch im Sommer
auch zwischen Liebenden
lieben liebten
sie sich?
Sich zu lieben
auch wenn's
hart und schwer und kalt
brennt das Feuer
in den Herzen
nicht warm genug
dran zu erfrier'n
die ganze Welt
zum Kabinett
Nett zu sein bedarf
So wenig
reicht schon aus
lieb zu sein
zu lieben
Liebe. Eiswalzer.

Reise zurück

Eine Reise zurück tritt er an
Wählt den Weg immer
wieder verletzt werden
Wehrt ab alles Gegenständliche
Gegenwärtige
isoliert sich
Befindet sich wieder im Ton
Fall der Wut der Angst
des Schreckens Schatten
legen sich über ihn
bis kein Licht mehr
weniger ist allein
fühlt er sich nur sicher
weil er taub wird
von den Schreien in seinem
Kopf existieren nicht
mehr kann er nicht
aufnehmen
dabei will man ihm ab
nehmen und geben
mehr Sicherheit
ist schon da
hörte er nur zu!

NUR ICH

Hier konzentriere ich mich auf mich,
erde mich und nehme die Welt um mich
herum wahr.

Staub

Weg zu wischen
von A nach B
doch immer da

Ein Teil von jedem allem
gehört dazu
dahinter darunter
drüber geht's
munter zu
wirbelt's
tanzt es
liegt es
still
immer dabei

Erinnert's an Zeit
zeitlos
lose
ewig.

„Gedenke meiner, flüstert der Staub."
(Robert Frost)

Des Rätsels Lösung

Des Rätsels Lösung ist
zu finden in den Wurzeln
der Bäume die blättern
ab und durch und nach
zu schauen hilft nichts
weiter als zu vertrauen
auf die Kraft der
Natur kommt es an.

Ich wachse

Jede Träne
ein kleiner Abschied
Jeden Moment
allein den Himmel bestaunend
weiter gekommen
auf meinem Weg
Jedes Lächeln
eine Bestätigung
jedes offene Ohr
eine Hilfe
auf meinem Weg
Jeder Tag
gewonnene Zeit
Jeden Tag wachsen.

Was das Leben lehrt

Nicht nach Willen geht es
nicht nach Eignung
nicht nach Aussehen
nicht nach Neigung

Nach Herzschlag, langem Atem
und Leidenschaft
nach Herzblut, Weitblick
und Sinneskraft

Auch bei Krankheit
Trübsal
Lustlosigkeit
gilt Moral und Tapferkeit
Schweres, Altes loszulassen
Neues, Schönes zuzulassen

Nicht nach hinten
nach vorne
schauen hier und jetzt
Erleben, leben und genießen

3 Dinge, die ich brauche

Einen Schleier
der mir die Angst nimmt
mich beschützt
umhüllt, warm hält
und trennt

Ein Band
das mich verbindet
festhält
und Halt gibt
lang und kurz
dass ich weit bin und nicht allein

Früchte
als Nahrung
Genuss
und süße Verführung

Dann will ich
nur noch träumen
von geschmolzener Schokolade.

Zwischen den Dünen

Zwischen Dünen, Gräsern,
wilden Rosensträuchern
ist mir aufgefallen
dass du mir nicht mehr fehlst.
Kann ich doch
freier atmen
weiter schauen
länger laufen
wieder lächeln
ohne Sorgen.
Trägt mir der Wind
die Zuversicht
legt sie in meine Hände
zurück
Ist die Welt doch schön
und unbeschwert
will ich wieder sein
lächeln strahlen
den Anfang neu erfinden
voll Tatendrang
Optimismus und Hoffnung
meine Schritte neu tun
in eine wundervolle Zukunft.
Das Glück ist.
Hier und jetzt.

Strandgänger

Strandgänger
hören den Gesang des Meeres
anders
Ein Trommeln
ein Toben
ein Ton
ein Lächeln
ein Frieden.
Kein Rauschen.
Die Wellen tragen
friedvollen Gesang.
Das Lächeln steckt an.
Die Ruhe kehrt ein.

Insel der Erkenntnis

Aufmerksam sein
und ganz offen
für den Ort
an dem sich Erde Sonne Wasser Sand
zu eins

Bilden
Kringel, Prile, Dünen
Weht ein Wind
verwischt's
zu eins

Geschlungen
alle Schals um den Hals
die Jacke eng gezogen
Zusammengekniffen
die Augen die Lippen
Aufeinandergepresst
zu eins

Alles Rauschen, Streichen, Treiben
wird ein Ton
Sand weht
wird ein Bild
Die Sonne taucht unter alles
eine Farbe

Die zu seh'n
ohne Augen Ohren Mund
Den Duft zu atmen
und auf der Haut zu spüren
nicht kalt nicht warm

Alles wahrzunehmen
zu eins
ist alles.

Sonnenuntergang auf Juist

Meeresrauschen
sonst Stille
Fußstapfen im Sand
Ein roter Ballon
der alles sieht
und alles weiß
taucht ab
Die Wolken ziehen
wissen
was war und wird.

Träume weiter

Auch wenn ich blicke
nur bis zum Horizont
und weiter geht meine
Phantasie mit mir
durch noch lange ist's
nicht genug Träume
habe ich
erfüllt bekommen alle
Kinder Feen, Elfen, Engel
mit auf ihren Wegen
ins unendliche Glück
soll sie beschützen ihr
Leben lang wie ich
auch mich und dich
noch viele Träume lang.

Wasser

Ich bin das Wasser
passe meine Form
passe mich
an jede Umgebung an.

Rausche, bilde Soge
reißende Wellen
Ich lege in Stücke
und überflute
passe jede Umgebung an.

Und weiche.
Zurück bleibt
Morast.

Das Feuer

Es gab mich noch nicht
als ich das Feuer entzündete
Eine Ahnung schon
zog durch die Luft
floss mit der Strömung
trug ein Blatt
auf dem Alles stand

Das Licht in deinem Leben
Mondhell, hell, strahlend
schon die Glut singt
das Lied vom ewigen Abschied
ewigen Träumen

Blas das Feuer an!
Gib ihm Kraft für Wärme und Licht
Trägt bald schon der Wind
die Stimmen her
Verstehst du sie?

Blas das Feuer an!
Alle seligen Träume, Hoffnungen
Finden sich zusammen
in Einem
und Allem

Blas das Feuer aus!
Ich glühe noch lange
mein Schein währt ewig.

Freiheit

Nie war das Leben so
saftig, geschmackvoll, intensiv
ich atme ich sauge
frei den Duft des Wassers
der Stadt Land Luft
Selig taumele ich durchs
grüne Gras
über mir ins Blaue
Reich nach links rechts
dreh mich hält nichts
ist mir voraus –
Schau:
Nie habe ich sie so
geseh'n geschätzt geliebt:
Freiheit.

DANKE

Es hat mich einigen Mut gekostet, diese Auswahl meiner Gedichte in einem Buch zusammen zu fassen.

Sowohl in der Zeit der Entstehung meiner geistigen Ergüsse als auch auf dem Weg bis zum fertigen Buch haben mich viele Menschen begleitet. Einige kamen und gingen, einige begleiten mich bis heute.

Danke möchte ich meinen Freundinnen sagen, die mir zu jeder Zeit halfen, meine Gedanken zu sortieren. Ganz besonders Doro und Midori.

Ich danke meinen Eltern, die mich – auch wenn's schwer war – immer genommen haben wie ich bin.

Ich danke meiner Tochter Ida, dir mir so unsagbar viel Kraft gibt, seit es sie gibt.

Und ich danke allen Männern, die mir auf meinem Lebensweg Grund gegeben haben, diese Zeilen zu verfassen.

Umwelthinweis:
Dieses Buch wurde auf chlorfrei
gebleichtem Papier gedruckt.

Copyright ©
für alle Inhalte, Einbandgestaltung, Fotos
und Typographie:
Miriam Engel, 2014

Herstellung und Verlag:
BoD - Books on Demand, Norderstedt
ISBN 978-3-7386-1196-0
Printed in Germany 2014
Buch-Nr. 341215